SEMBRADOS
EN BUENA TIERRA

El secreto
de las finanzas
sanas

para niños!

SEMBRADOS
EN BUENA TIERRA

El secreto de las finanzas sanas

para niños!

Heriberto y Elsa Hermosillo

Vida®

SEMBRADOS EN BUENA TIERRA
EL SECRETO DE LAS FINANZAS SANAS
Edición publicado por Editorial Vida - 2008
Miami, Florida

Adaptación para niños: *Patricia Sánchez*
Adaptación del interior: *Good Idea Productions*
Diseño de cubierta: *Rodrigo Galindo*
Adaptación: *Cathy Spee*
Coordinadora de producción: *Mariana Díaz González*

ISBN: 978-0-8297-5358-5

Categoría: Ministerio cristiano / Discipulado

Impreso en Estados Unidos de América
Printed in the United States of America

08 09 10 11 ❖ 6 5 4 3 2 1

Índice

1 {Aprendiendo a honrar a Dios}.....9

2 {El diezmo y la ofrenda} 17

3 {El secreto de la longevidad}.......25

4 {Codicia vs. contentamiento}.......33

5 {Di NO a las deudas} 39

6 {La mano diligente} 53

7 {El principio de la mayordomía}...59

Sembrados en Buena Tierra para niños

Sembrados en Buena Tierra para niños, es un material dirigido a padres y maestros que desean instruir a niños entre 4 y 12 años, en la Palabra de Dios.

Para este fin, la estructura que se presenta es:

1. Objetivo.
Identifica los puntos principales a reforzar.

2. Textos.
Pasajes bíblicos que son la base de la enseñanza.

3. Versículo a memorizar.

4. Desarrollo del tema.
Es una guía de la enseñanza, para padres y maestros, en el extremo derecho de la hoja, se incluyen también los pasajes bíblicos que se citan durante la enseñanza.

5. Aprendizaje activo.
Actividades y juegos, para niños pequeños y grandes, que sirven para fijar la enseñanza de una manera práctica y divertida.
El padre o maestro, puede sacar fotocopias de las ilustraciones y hojas de actividades, para repartir a sus niños.

Aprendiendo a ser un discípulo para niños
Los niños aprenden a descubrir la diferencia entre ser un creyente y ser un discípulo, y se preparan para alcanzar este objetivo a través de 7 pasos.

Aprendiendo a orar para niños
Nuestros hijos pueden desde pequeños aprender los principios que Jesús enseñó a sus discípulos, cuando estos le pidieron, "enséñanos a orar".
Basados en lo que conocemos como «El padrenuestro» (Mt 6:5-13), los padres y maestros cuentan con una herramienta útil y práctica para comunicar esta importante enseñanza .

Edificando un hogar feliz
¿De dónde venimos? ¿Cuál es nuestro propósito? ¿Qué es una familia? ¿Cómo funciona?
Respuestas a estas preguntas preparan a nuestros niños para cumplir su propósito tomando en cuenta a aquel que creó la familia y desea que tengamos un hogar feliz.

El secreto de las finanzas sanas
Los niños están listos para aprender a identificar los recursos que el Señor les ha regalado.
Cómo honrar a Dios y tener cuidado de no permitir que la provisión que el Señor añade se pierda.

Contáctenos
Elsa Hermosillo
tfbeto@yahoo.com

---

www.sembradosenbuenatierra.com
USA (956) 9710724

1 {Aprendiendo a honrar a Dios}

Objetivos:

Ayudar al niño a:
- Saber quién es el dueño de todo lo que poseemos.
- Aprender el significado de las palabras *honra* y *maldito*.
- Entender por qué debemos honrar a Dios.
- Saber cómo vamos a honrar a Dios.

Textos:

Malaquías 1:6-8, 13-14 y 3: 7-12

Versículo a memorizar:

«Porque donde esté tu tesoro, allí estará también tu corazón». **Mateo 6:21 (NVI)**

Desarrollo del tema:

Bienvenidos a nuestra serie «El secreto de las finanzas sanas». ¿Qué significa eso? Significa que vamos a aprender a administrar; a usar correctamente todas las cosas que poseemos, como son los dones, los talentos, nuestra salud, casa, ropa, dinero, etc.

¿Por qué es importante aprender esto si aún somos pequeños?

Porque pronto seremos grandes y necesitamos saber manejar lo que Dios nos ha dado. Es una tarea en la que hay que estar bien preparados. Para iniciar nuestra preparación necesitamos saber algo muy importante: todo lo que tenemos nos lo ha dado Dios. Él es el verdadero dueño de todo lo que tenemos nosotros solo somos sus administradores, es decir que solo estamos cuidando, lo que le pertenece a él. Es por eso que debemos honrar a Dios.

¿Qué significa honra?

Honra viene de la palabra hebrea *«kabod»*, que nos habla de dar peso o valorar (*1 Crónicas 16:28-29*). En griego es la palabra *«timnao»* que significa poner un valor, reverenciar, premiar, (*Juan 5:23*).

Necesitamos darle el valor correcto a Dios agradeciéndole todo lo que ha hecho por nosotros ofreciéndole lo mejor. Darle a Dios lo que nos sobra, lo que ya no queremos o lo que no nos gusta, no es ser agradecidos.

Imagina que alguien que dice que te quiere mucho el día de tu cumpleaños te regala un juguete viejo y roto. ¿Cómo te sentirías? Triste, ¿verdad? Porque esto quiere decir que no le importas. La Palabra de Dios nos dice desde el Antiguo Testamento que ofrecer el desperdicio estaba prohibido por la ley (*Malaquías1:6-8, 13-14, Deuteronomio 15:21*).

A Dios tampoco le gusta que nosotros le demos este tipo de ofrendas. Si lo hacemos, estaremos separados de Dios.

La Palabra de Dios nos relata en el libro de Malaquías (*cap. 3:7-12*) que el pueblo de Dios se había separado de él (maldecido a sí mismo) estaban tan separados de Dios que no le dieron los diezmos ni las ofrendas. Al no obedecer este mandato le estaban robando a Dios.

Malaquías 1:6-8

6 El hijo honra al padre, y el siervo a su señor. Si, pues, soy yo padre, ¿dónde está mi honra? y si soy señor, ¿dónde está mi temor? dice Jehová de los ejércitos a vosotros, oh sacerdotes, que menospreciáis mi nombre. Y decís: ¿En qué hemos menospreciado tu nombre? **7** En que ofrecéis sobre mi altar pan inmundo. Y dijisteis: ¿En qué te hemos deshonrado? En que pensáis que la mesa de Jehová es despreciable. **8** Y cuando ofrecéis el animal ciego para el sacrificio, ¿no es malo? Asimismo cuando ofrecéis el cojo o el enfermo, ¿no es malo? Preséntalo, pues, a tu príncipe; ¿acaso se agradará de ti, o le serás acepto? dice Jehová de los ejércitos.

Malaquías 1:13-14

13 Habéis además dicho:!Oh, qué fastidio es esto! y me despreciáis, dice Jehová de los ejércitos; y trajisteis lo hurtado, o cojo, o enfermo, y presentasteis ofrenda. ¿Aceptaré yo eso de vuestra mano? dice Jehová. **14** Maldito el que engaña, el que teniendo machos en su rebaño, promete, y sacrifica a Jehová lo dañado. Porque yo soy Gran Rey, dice Jehová de los ejércitos, y mi nombre es temible entre las naciones.

Malaquías 3: 7-12

7 Desde los días de vuestros padres os habéis apartado de mis leyes, y no las guardasteis. Volveos a mí, y yo me volveré a vosotros, ha dicho Jehová de los ejércitos. Mas dijisteis: ¿En qué hemos de volvernos? **8** ¿Robará el hombre a Dios? Pues vosotros me habéis robado. Y dijisteis: ¿En qué te hemos robado? En vuestros diezmos y ofrendas. **9** Malditos sois con

El Señor manda que traigamos nuestros diezmos, al alfolí y que cuidemos que haya alimento en su casa y a cambio nos ofrece valiosas recompensas gracias a su infinita misericordia.

¿Qué es el alfolí? El alfolí era un lugar que estaba a un lado del templo en donde las personas depositaban sus diezmos y ofrendas a Dios y un grupo de personas llamadas levitas eran las responsables de este lugar.

Al reconocer que todo lo que tenemos nos lo ha dado el Señor, y al agradecérselo, nuestro corazón tendrá libertad para honrar a Dios como merece (*Santiago 1:17*).

maldición, porque vosotros, la nación toda, me habéis robado.
10 Traed todos los diezmos al alfolí y haya alimento en mi casa; y probadme ahora en esto, dice Jehová de los ejércitos, si no os abriré las ventanas de los cielos, y derramaré sobre vosotros bendición hasta que sobreabunde.
11 Reprenderé también por vosotros al devorador, y no os destruirá el fruto de la tierra, ni vuestra vid en el campo será estéril, dice Jehová de los ejércitos.
12 Y todas las naciones os dirán bienaventurados; porque seréis tierra deseable, dice Jehová de los ejércitos.

Mateo 6:21
21 «Porque donde esté tu tesoro, allí estará también tu corazón».

1 Crónicas 16:28-29
28 Tributad a Jehová, oh familias de los pueblos, Dad a Jehová gloria y poder.
29 Dad a Jehová la honra debida a su nombre; Traed ofrenda, y venid delante de él; Postraos delante de Jehová en la hermosura de la santidad.

Juan 5:23
23 para que todos honren al Hijo como honran al Padre. El que no honra al Hijo, no honra al Padre que le envió.

Deuteronomio 15:21
21 Y si hubiere en él defecto, si fuere ciego, o cojo, o hubiere en él cualquier falta, no lo sacrificarás a Jehová tu Dios.

Santiago 1:17
17 Toda buena dádiva y todo don perfecto desciende de lo alto, del Padre de las luces, en el cual no hay mudanza, ni sombra de variación

SEMBRADOS
EN BUENA TIERRA

1 { Aprendiendo a honrar a Dios }

Aprendizaje activo

● **Niños PEQUEÑOS:**
1. Colorear el dibujo

Material:
• Crayones
• Copias de la actividad

● **Niños GRANDES:**
1. CORAZONES. Recorte corazones de cartulina roja y perfórelos como se muestran en el patrón.
Perfore 2 corazones juntos para que los agujeros coincidan y puedan pasar el estambre con facilidad.
Entregue a cada niño 2 corazones, una hebra de estambre de 90 cm. de largo y un poco de algodón para poner en medio de los corazones, para formar una almohadita. Antes de unir los corazones los niños pueden escribir en ellos el versículo a memorizar. Cuando termine de unir los corazones, anude el hilo restante para que puedan colgarlo.

Material:
• Cartulina roja
• Estambre
• Algodón
• Tijeras
• Perforadora
• Lápices o lapiceros

2. Resolver el cuestionario

Material:
• Copias de las actividades
• Lápices o lapiceros

SEMBRADOS
EN BUENA TIERRA

Niños pequeños

Instrucciones:
Colorea el dibujo

«Porque donde esté tu tesoro, allí estará también tu corazón». **Mateo 6:21 (NVI)**

Niños GRANDES

Instrucciones: Haz dos copias del corazón en cartulina roja, y sigue las instrucciones de la página.

«Porque donde esté tu tesoro, allí estará también tu corazón». **Mateo 6:21 (NVI)**

Notas

Niños GRANDES

Hoja de actividades

1 { **Aprendiendo a honrar a Dios** }

1 **Versículo para memorizar:**

«Porque donde esté tu tesoro, allí estará también tu corazón» .
  Mateo 6:21 (NVI)

2 **Llena los espacios en blanco:**

Maldito el que_____ , el que_____ machos en su rebaño, _____, y sacrifica a Jehová lo _____.
Malaquías 1:14

3 **Marca la respuesta correcta:**

¿Qué significa honra?

a) Corona

b) Dar un valor

c) Premiar

d) Medalla

4 **¿Falso ó verdadero?**

1. El Señor demanda que traigamos nuestros diezmos al alfolí

☐ **FALSO**   ☐ **VERDADERO**

2. Todo lo que tenemos nos lo ha dado Dios

☐ **FALSO**   ☐ **VERDADERO**

Notas

....

....

....

....

....

....

....

....

....

....

....

....

....

....

....

....

....

....

2 { El diezmo y la ofrenda }

Génesis 14:18-20
18 Entonces Melquisedec, rey de Salem y sacerdote del Dios Altísimo, sacó pan y vino;
19 y le bendijo, diciendo: Bendito sea Abram del Dios Altísimo, creador de los cielos y de la tierra;
20 y bendito sea el Dios Altísimo, que entregó tus enemigos en tu mano. Y le dio Abram los diezmos de todo.

Proverbios 3:9-11
9 Honra a Jehová con tus bienes, Y con las primicias de todos tus frutos;
10 Y serán llenos tus graneros con abundancia, Y tus lagares rebosarán de mosto.
11 No menosprecies, hijo mío, el castigo de Jehová, Ni te fatigues de su corrección.

Malaquías 3:10
10 Traed todos los diezmos al alfolí y haya alimento en mi casa; y probadme ahora en esto, dice Jehová de los ejércitos, si no os abriré las ventanas de los cielos, y derramaré sobre vosotros bendición hasta que sobreabunde.

2 Corintios 8:19-21
19 ...y no sólo esto, sino que también fue designado por las iglesias como compañero de nuestra peregrinación para llevar este donativo, que es administrado por nosotros para gloria del Señor mismo, y para demostrar vuestra buena voluntad;
20 evitando que nadie nos censure en cuanto a esta ofrenda abundante que administramos,
21 procurando hacer las cosas honradamente, no sólo delante del Señor sino también delante de los hombres.

Filipenses 4:17
17 No es que busque dádivas, sino que busco fruto que abunde en vuestra cuenta.

Objetivos:
Ayudar al niño a:
- Saber el significado de las palabras ofrenda y diezmo.
- Entender por qué debemos diezmar.
- Saber a dónde llevaremos nuestros diezmos.

Textos:
Génesis 14:18-20, Proverbios 3:9-10, Malaquías 3:10, 2 Corintios 8:19-21 y Filipenses 4:17

Versículo a memorizar:
«Honra al Señor con tus bienes y con las primicias de todos tus frutos». **Proverbios 3:9**

Desarrollo del tema:

La clase pasada aprendimos que debemos honrar a Dios porque él es el verdadero dueño de todo lo que tenemos, y nosotros solo estamos cuidando lo que le pertenece. Cuando reconocemos que todo lo que tenemos nos lo ha dado el Señor, y se lo agradecemos, nuestro corazón tiene libertad para honrar a Dios como merece *(Santiago 1:17)* ofreciéndole lo mejor, no lo que nos sobra, Recordemos que la palabra honra quiere decir darle el valor correcto a Dios.
Una manera de honrarlo es con nuestros diezmos y ofrendas.

¿Qué es el diezmo y que es la ofrenda?
«Ofrenda» es un sinónimo de la palabra «ofrecer», o sea que nosotros vamos a ofrecer a Dios una pequeña parte de lo que nos ha dado, como reconocimiento de lo que hemos recibido de parte de él.

¿Qué es el diezmo?
Es la décima parte del dinero que recibimos y tenemos que separarlo y llevarlo a la iglesia *(Proverbios. 3:9)*. Dar el diezmo o diezmar es un mandamiento dado por Dios a sus hijos. El diezmo no se refiere solo al dinero sino también al tiempo, a todos los recursos que Dios nos ha dado. ¿Por qué? Porque lo que primero debemos apartar es para el Señor, no olvidemos que Dios es nuestra prioridad, él es el #1.

¿Para que debe usarse? *Malaquías 3:10*
Para sostenimiento del lugar en donde nos reunimos, de las personas que trabajan dando a conocer la Palabra de Dios, para dar a conocer la Palabra de Dios en nuestra comunidad y otros lugares *(1 Corintios 9:7-11, Filipenses 4:17 y Gálatas 6:6)*.

Dar nuestros diezmos a Dios nos va a traer beneficios como:

- **Fruto.** Ese fruto se va ir agregando en nuestra cuenta delante de Dios. (*Filipenses. 4:17*)
- **Provisión.** Dios nos dará todo lo que necesitamos. (*Proverbios 3:10, Malaquías 3:10-11*)
- **Alegría.** (*Proverbios 3:10*)

Los pastores de nuestra iglesia serán los responsables de dar buen uso de los diezmos y deberán rendir cuentas de esta administración a Dios. (*2 Corintios 8:19-21*)

Además de dar nuestro diezmo a Dios, también debemos dar la ofrenda y la limosna al pobre o al hermano en necesidad. Esta ofrenda al pobre no es solo ayudarle con lo material, sino compartiendo con ellos la Palabra de Dios (*1 Juan 3:17-18, Lucas 11:41-42, Hechos 3:1-6*).

2 { El diezmo y la ofrenda }

Aprendizaje activo

● Niños PEQUEÑOS:

1. Colorear el dibujo

Material:
• Crayones
• Copias de la actividad

● Niños GRANDES:

1. EXPLICANDO EL DIEZMO. Dé a cada niño una copia del sobre, este lo van a recortar, pegar y completar el versículo a memorizar. Después dé 10 piezas de galletas, cereal (fruit loops, cheerios, etc.) o monedas de papel. Explíqueles que de esas 10 piezas una equivale a la decima parte de lo que tenemos que apartar para el Señor y que lo guarden en su sobrecito. Anime a los niños a que cada día guarden una moneda en el sobre para traerlo la siguiente semana.

2. Crucigrama.

3. Resolver el cuestionario de la clase usando la Biblia.

Material:
• Copias de las actividades
• Tijeras
• Pegamento o cinta para pegar
• Crayones, marcadores o lápices de colores.
• Lapicero o lápiz
• Una caja de cereal (fruti loops / cheerios, etc.)
o monedas de papel

Instrucciones:
Colorea el dibujo

$2\left\{\begin{array}{l}\textbf{El diezmo y}\\ \textbf{la ofrenda}\end{array}\right\}$

«Honra al Señor con tus bienes y con las primicias de todos tus frutos.
Y serán llenos tus graneros con abundancia,
y tus lagares rebosarán de mosto». **Proverbios 3:9-10**

Niños GRANDES

Instrucciones:
Completa el versículo en el sobre, recórtalo y ármalo.

2 { **El diezmo y la ofrenda** }

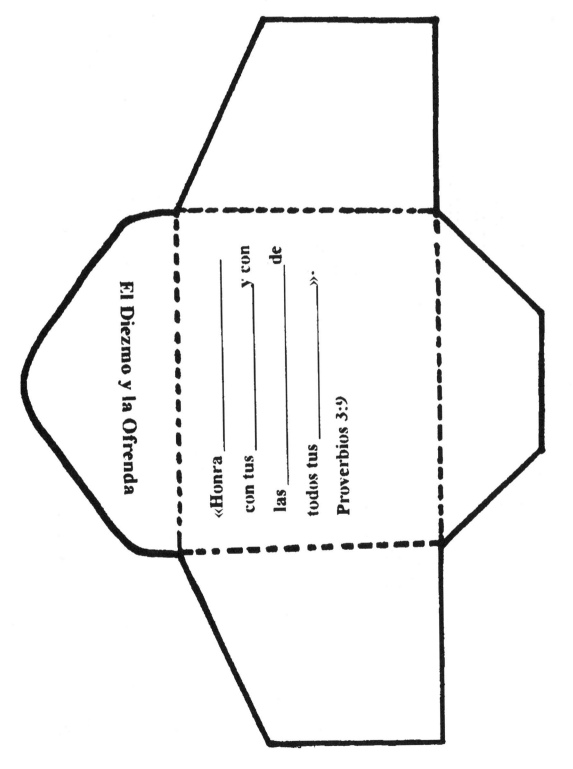

El Diezmo y la Ofrenda

«Honra _____ y con _____ con tus _____ de _____ las _____ todos tus _____».
Proverbios 3:9

Notas

··

··

··

··

··

··

··

··

··

··

··

··

··

··

··

··

··

··

··

Niños GRANDES

Instrucciones: Llena los cuadros usando las palabras que están subrayadas del versículo para memorizar

2 { El diezmo y la ofrenda }

«Honra al Señor con tus bienes y con las primicias de todos tus frutos. Y serán llenos tus graneros con abundancia, y tus lagares rebosarán de mosto». Proverbios 3:9-10

Niños GRANDES

Hoja de actividades

2 { El diezmo y la ofrenda }

1 Versículo para memorizar:

«Honra al Señor con tus bienes y con las primicias de todos tus frutos.
Y serán llenos tus graneros con abundancia, y tus lagares rebosarán de mosto».
Proverbios 3:9-10

2 Marca la respuesta correcta:

¿Qué significa ofrenda?

a) Ofrecer a Dios

b) Dar dinero

c) Dar un regalo

¿Qué es el diezmo?

a) Es un mandamiento dado por Dios a sus hijos.

b) Es la décima parte del dinero que recibimos.

c) El dinero que piden en la iglesia

3 Completa las palabras:

¿Cuál son los beneficios que vamos a tener cuando damos nuestro diezmo?

F _____

P _____

A _____

¿Qué debemos dar además de nuestro diezmo a Dios?

La O _____   y la L _____

para el P _____   o el H _____

en necesidad.

3 { El secreto de la longevidad }

Objetivos:

Ayudar al niño a:
- Recordar el significado de la palabra honra.
- Aprender el significado de la palabra longevidad.
- Aprender las maneras de honrar a nuestros padres.

Textos:

Proverbios 3:10, Deuteronomio 5:16, Marcos 7:9-13

Versículo a memorizar:

«*Honra a tu padre y a tu madre, como Jehová tu Dios te ha mandado*». *Deuteronomio 5:16*

Desarrollo del tema:

¿**U**stedes conocen a algún viejecito? ¿Alguno de ustedes tiene abuelitos? Ellos son personas que han vivido muchos años. La Biblia nos habla de personas que vivían 300, 500 y hasta más de 900 años.

¿Quieres saber cuál era su secreto, para vivir muchos años?

Pues hoy aprenderemos cuál es el secreto de la longevidad. ¿Qué significa longevidad? Significa larga vida. ¿Has pensado alguna vez qué harías si vivieras 500 años aquí en la tierra? ¿Y por qué queremos larga vida? Recuerdas que hemos platicado que nuestra vida tiene un propósito, que es el de fructificar o sea que el fruto del espíritu de Dios se forme en mí y multiplicarlo en la vida de otras personas (*Génesis 1:27*).

Todos sabemos que el único ser que es eterno es Dios, él no tiene principio ni tiene fin, esto quiere decir que siempre ha vivido y no va a morir nunca. Por eso el hombre ha tratado de buscar una fórmula mágica para poder vivir por muchos años y no morir nunca.

Esta búsqueda se ha hecho por el camino equivocado, porque Dios nos da una promesa en su Palabra, para tener larga vida en este mundo.

Primero <u>honrar a Dios</u>. ¿Recuerdas que honra significa darle a alguien el valor que merece? Si honramos a Dios tendremos dos beneficios (*Proverbios 3:10*).

1. Provisión (Dios nos dará todo lo que necesitamos)
2. Alegría

Además de estos dos beneficios, si <u>honramos a nuestros padres</u> tendremos dos beneficios más (*Deuteronomio 5:16*).

1. Larga vida. Serán prolongados nuestros días
2. Bienestar. Nos irá bien.

Proverbios 3:10
10 Y serán llenos tus graneros con abundancia, Y tus lagares rebosarán de mosto

Deuteronomio 5:16
16 Honra a tu padre y a tu madre, como Jehová tu Dios te ha mandado, para que sean prolongados tus días, y para que te vaya bien sobre la tierra que Jehová tu Dios te da.

Marcos 7:9-13
9 Les decía también: Bien invalidáis el mandamiento de Dios para guardar vuestra tradición.
10 Porque Moisés dijo: Honra a tu padre y a tu madre; y: El que maldiga al padre o a la madre, muera irremisiblemente.
11 Pero vosotros decís: Basta que diga un hombre al padre o a la madre: Es Corbán (que quiere decir, mi ofrenda a Dios) todo aquello con que pudiera ayudarte,
12 y no le dejáis hacer más por su padre o por su madre,
13 invalidando la palabra de Dios con vuestra tradición que habéis transmitido. Y muchas cosas hacéis semejantes a estas.

Génesis 1:27
27 Y creó Dios al hombre a su imagen, a imagen de Dios lo creó; varón y hembra los creó.

La honra a nuestros padres debemos hacerla durante toda nuestra vida de varias maneras *(Marcos 7:9-13):*

- **Reconocimiento y agradecimiento verbal.** Esto es que con palabras les vamos a decir cuánto los queremos y agradecemos porque nos cuidan y nos ayudan en todo lo que pueden. También podemos demostrarlo con acciones: siendo obedientes, portándonos bien, abrazándolos, etc.

- **Apoyo económico.** Cuando seamos grandes y trabajemos, es importante que mostremos nuestro agradecimiento, dándoles dinero para contribuir con los gastos, sin importar si lo necesitan o no.

- **Atención.** Así como ellos nos cuidan ahora que somos pequeños, nosotros los cuidaremos y daremos amor cuando sean viejitos.

3 {El secreto de la longevidad}

Aprendizaje activo

● **Niños PEQUEÑOS:**

1. Colorear el dibujo del árbol y recortarlo. Doble el árbol y únalo con pegamento o cinta adhesiva. Después péguele un palito de paleta.

Material:
- Crayones
- Copias de la actividad
- Tijeras
- Pegamento o cinta adhesiva
- Palitos de madera con color o naturales

● **Niños GRANDES:**

1. Resolver la sopa de letras.
2. Tarjetas de reconocimiento a los padres. Entregue a cada niño media página de una hoja tamaño carta y dóblela por la mitad, para hacer una tarjeta. Dentro de la tarjeta los niños escribirán algo por lo que están agradecidos a sus padres.
Pueden decorarlas a su gusto.

Material:
- Crayones, marcadores o lápices de colores.
- Papel de colores
- Lapicero o lápiz

Notas

....

....

....

....

....

....

....

....

....

....

....

....

....

....

....

....

....

....

Niños pequeños

3 { El secreto de la longevidad }

«Honra a tu padre y a tu madre»
Deuteronomio 5:16

Pegar aquí

Notas

Niños GRANDES

Instrucciones:
Encuentra las palabras que están en la lista

«Honra a tu padre y a tu madre, como Jehová tu Dios te ha mandado».
Deuteronomio 5:16

L	O	N	G	E	V	I	D	A	D	Q	W	B	E
R	T	Y	U	I	O	P	A	S	D	F	G	I	H
K	J	E	H	O	V	A	L	E	S	D	F	E	M
Z	X	C	O	V	P	A	D	R	E	B	H	N	O
Q	W	E	N	R	T	Y	U	D	I	O	P	E	S
A	S	P	R	D	F	G	H	A	J	K	L	S	T
A	G	R	A	D	E	C	I	M	I	E	N	T	O
T	Z	O	D	L	T	L	K	J	H	G	F	A	D
E	X	V	F	Q	E	P	O	I	U	Y	T	R	E
N	C	I	G	W	Y	G	R	A	N	E	R	O	S
C	V	S	H	E	U	Z	R	X	C	V	B	N	M
I	B	I	N	R	I	E	D	I	O	S	T	Y	U
O	N	O	K	A	B	U	N	D	A	N	C	I	A
N	M	N	J	T	O	W	D	V	G	Y	T	J	K

HONRA   **ATENCION**   **ALEGRIA**
PADRE   **ABUNDANCIA**   **MOSTO**
MADRE   **LONGEVIDAD**   **BIENESTAR**
JEHOVA   **PROVISION**   **DIOS**
AGRADECIMIENTO   **GRANEROS**

Niños GRANDES

Hoja de actividades

3 { **El secreto de la longevidad** }

1 Versículo para memorizar:

«Honra a tu padre y a tu madre, como Jehová tu Dios te ha mandado».
Deuteronomio 5:16

2 Marca la respuesta correcta:

¿Cómo podemos tener larga vida?

a) Honrando solo a Dios

b) Honrando solo a nuestro padres

c) Honrando a Dios y a nuestros padres

¿Qué beneficios obtenemos de honrar a nuestros padres?

a) Salud y alegría

b) Una medalla y un diploma

c) Larga vida y bienestar

¿Cuándo debemos honrar a nuestros padres?

a) Solo cuando nos den algo que nos guste

b) Durante toda nuestra vida

c) Nada más cuando seamos niños

3 Completa las palabras:

¿Cuáles son las las maneras de honrar a nuestros padres?

R _____ y A _____ verbal.

Apoyo e _____

A _____

4 {Codicia vs. Contentamiento}

Objetivos:
Ayudar al niño a:
- Entender qué es la codicia.
- Saber cómo construir una defensa en contra de la codicia.
- Aprender a tener contentamiento.

Textos:
Proverbios1:17-19, 1 Juan 2:15-17 y 1 Timoteo 6:10; 17-18

Versículo a memorizar:
«No amen al mundo, ni nada de lo que hay en él. Si alguien ama al mundo, no tiene el amor del Padre». *1 Juan 2:15 NVI*

Desarrollo del tema:

¿Te gustan los deportes? ¿Has participado en alguna competencia? En la clase de hoy veremos el encuentro entre dos adversarios:
«*la codicia*» se enfrenta a «*el contentamiento*» ¿Quién ganará?

Uno de los males que más daña nuestra vida es la codicia (*Proverbios 1:17-19*).

¿Qué significa codicia?
La codicia es una enfermedad que se encuentra en nuestro corazón. Es el deseo de querer tener más y más cosas que aunque no puedo tener, quiero tener.

¿Cómo llega a nuestro corazón la codicia?
El maligno se encarga de ponerlo ahí, para que Dios no sea el número 1 en nuestro corazón (*Mateo 6:21*). En una clase pasada platicamos que la forma de criterios y actitudes de este mundo están controlados por «*el maligno*» (*1 Juan 5:19*). Recordemos también que la palabra «*mundo*» viene del griego *Kósmos* que significa: arreglo ordenado, decoración, maquillaje externo. Es decir que el maligno adorna el pecado haciéndonos creer que lo malo es bueno.

¿Cuáles son las cosas del mundo que nos harían caer en la codicia quitándole el primer lugar a Dios en nuestro corazón? *1 Juan 2:15-17*

a. ***Deseos de la carne.*** Son toda clase de deseos que hacen mal a nuestro cuerpo: comida en exceso, dulces, etc.
b. ***Deseos de los ojos.*** Es anhelar poseer lo que agrada a los ojos, juguetes, ropa, bienes materiales, dinero, etc. más allá de lo que podemos o necesitamos tener.
c. ***Vanagloria de la vida.*** Es el exaltarse a sí mismo, tener una actitud de menosprecio hacia los demás.

Proverbios 1:17-19
17 Porque en vano se tenderá la red Ante los ojos de toda ave;
18 Pero ellos a su propia sangre ponen asechanzas, Y a sus almas tienden lazo.
19 Tales son las sendas de todo el que es dado a la codicia, La cual quita la vida de sus poseedores.

1 Juan 2:15-17 (NVI)
15 No amen al mundo ni nada de lo que hay en él. Si alguien ama al mundo, no tiene el amor del Padre.
16 Porque nada de lo que hay en el mundo -los malos deseos del cuerpo, la codicia de los ojos y la arrogancia de la vida- proviene del Padre sino del mundo.
17 El mundo se acaba con sus malos deseos, pero el que hace la voluntad de Dios permanece para siempre.

1 Timoteo 6:6-10
6 Pero gran ganancia es la piedad acompañada de contentamiento;
7 porque nada hemos traído a este mundo, y sin duda nada podremos sacar.
8 Así que, teniendo sustento y abrigo, estemos contentos con esto.
9 Porque los que quieren enriquecerse caen en tentación y lazo, y en muchas codicias necias y dañosas, que hunden a los hombres en destrucción y perdición;
10 porque raíz de todos los males es el amor al dinero, el cual codiciando algunos, se extraviaron de la fe, y fueron traspasados de muchos dolores.

¿Cómo podemos combatir la codicia?

El antídoto contra este mal, es el conocer el propósito de Dios para nuestra vida en este mundo. Y entender que Dios nos ha dado lo que necesitamos para llevar a cabo su propósito. Si ponemos en primer lugar a Dios podremos aprender a tener contentamiento y esto traerá satisfacción y ganancia a nuestra vida.

Dios es quien nos proveerá los bienes que nos traerán contentamiento, estos bienes son el sustento y el abrigo (*1 Timoteo 6:6-10*).

La codicia es destructiva y engañosa y siempre nos hará sentir descontentos, el desear enriquecerse y amar el dinero nos aparta de lo que verdaderamente vale, que es aprender a amar a Dios, y nos hará sufrir mucho y dañará también a los que nos rodean.

¿Es pecado ser rico?

No, no lo es; es pecado poner nuestra esperanza en las riquezas y no en Dios, (*1 Timoteo 6:17-18*).

1 Timoteo 6:17-18
17 A los ricos de este siglo manda que no sean altivos, ni pongan la esperanza en las riquezas, las cuales son inciertas, sino en el Dios vivo, que nos da todas las cosas en abundancia para que las disfrutemos.
18 Que hagan bien, que sean ricos en buenas obras, dadivosos, generosos.

Mateo 6:21
21 Porque donde esté vuestro tesoro, allí estará también vuestro corazón.

1Juan 5:19
19 Sabemos que somos de Dios, y el mundo entero está bajo el maligno.

4 { Codicia vs. Contentamiento }

Aprendizaje activo

● **Niños PEQUEÑOS:**
1. Colorear el dibujo.

Material:
• Crayones
• Copias de la actividad

● **Niños GRANDES:**
1. Resolver la actividad y escribir el versículo a memorizar.
2. Resolver el cuestionario.

Material:
• Copia de las actividades
• Lapicero o lápiz
• Crayones, marcadores o lápices de colores

Niños pequeños

Instrucciones:
Colorea el dibujo

4 { Codicia vs. **Contentamiento** }

«No amen al mundo, ni nada de lo que hay en él.
Si alguien ama al mundo, no tiene el amor del Padre».
1 Juan 2:15 NVI

Niños GRANDES

4 { **Codicia vs. Contentamiento** }

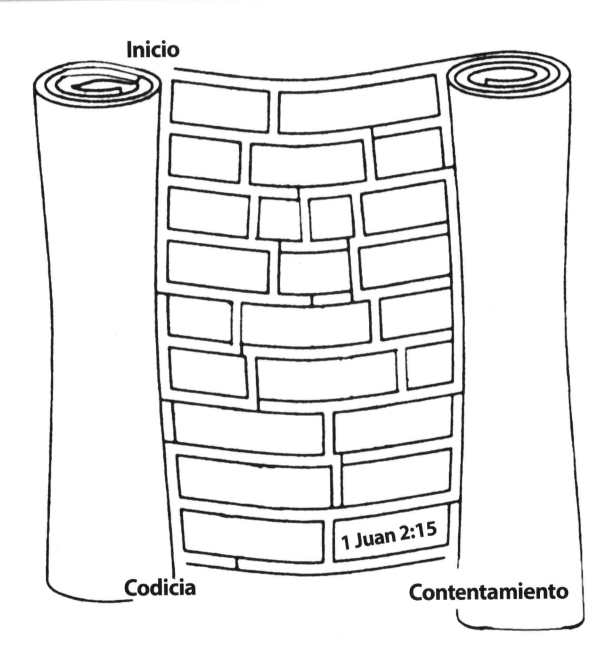

Inicio

1 Juan 2:15

Codicia

Contentamiento

SEMBRADOS
EN BUENA TIERRA

Niños GRANDES

| Hoja de actividades | 4 { Codicia vs. Contentamiento } |

1 Versículo para memorizar:

«No amen al mundo, ni nada de lo que hay en él. Si alguien ama al mundo, no tiene el amor del Padre». **1 Juan 2:15 NVI**

2 Marca la respuesta correcta:

1. ¿Qué es la codicia?

a) Es una enfermedad que se encuentra en nuestro corazón.
b) Es el deseo de querer tener cosas que no puedo, pero quiero tener.
c) Es cuando te pegas en un codo.

2. ¿Cómo podemos combatir la codicia?

a) No viendo los anuncios de la televisión o el periódico.
b) Conociendo el propósito de Dios para nuestra vida.
c) Poniendo a Dios en primer lugar.

3. ¿Qué obtenemos al poner a Dios en el primer lugar de nuestro corazón?

a) Contentamiento
b) Satisfacción
c) Sustento y abrigo

4. ¿Cuáles son las cosas que tienen más valor en nuestra vida?

a) El oro y la plata
b) El dinero y las piedras preciosas
c) El amor de Dios

5. La codicia es destructiva y engañosa

a) FALSO   **b)** VERDADERO

5 { Di No a las **deudas** }

Objetivos:

Ayudar al niño a:

- Entender qué es una deuda.
- Conocer cuál es la deuda más importante que tenemos.
- Saber que Dios quiere que seamos prosperados para cumplir su propósito.

Textos:

Deuteronomio 28:1-12, Proverbios 11:15; 6:1-5; 22:9; 28:8

Versículo a memorizar:

«No tengan deudas pendientes con nadie, a no ser la de amarse unos a otros».
Romanos 13:8 NVI

Desarrollo del tema:

Recuerdas que en nuestra clase anterior aprendimos que la codicia es una enfermedad que nos hace querer tener más y más cosas que <u>no podemos</u> tener, pero <u>queremos</u> tener. El desear enriquecerse y amar el dinero nos aparta de lo que verdaderamente vale, que es el aprender a amar a Dios. El antídoto contra este mal llamado codicia es poner a Dios en primer lugar.

En nuestra lección de hoy continuaremos preparándonos para ser unos buenos administradores de lo que Dios nos ha dado, pues él es el verdadero dueño de todo lo que tenemos y nosotros solo somos las personas responsables de cuidar y dar buen uso de la provisión que Dios nos da, en esta clase vamos a hablar específicamente de dinero.

Ahora que ya sabemos quién es el dueño de lo que tenemos, entonces podemos tener contentamiento y combatir la codicia.

Dios es quien nos proveerá los bienes que nos traerán contentamiento, pues él desea que nuestras finanzas sean prosperadas para llevar a cabo su propósito en nuestras vidas, y nos promete bendición si le obedecemos *Deuteronomio 28:1-12*.

¿Cómo pueden ser prosperadas nuestras finanzas?

Diciendo NO a las deudas.

¿Qué es una deuda?

Una deuda es la obligación que tiene una persona de pagar o de devolver algo que se le prestó.

¿Por qué las personas piden prestado?

Porque al no tener a Dios en primer lugar en nuestro corazón, no estamos contentos con lo que él nos ha dado y queremos más, aunque no nos alcance, y hacemos compromisos asumiendo que vamos a tener dinero en el futuro para pagarlos, lo cual es jactancia, porque nunca sabemos lo que pasará mañana.

Pedimos prestado dinero, o compramos cosas las cuales no podemos pagar inmediatamente. Primero es una cosa y después dos y después tres y cuatro y....... hasta que tenemos una mon-

Deuteronomio 28:1-12
1 Acontecerá que si oyeres atentamente la voz de Jehová tu Dios, para guardar y poner por obra todos sus mandamientos que yo te prescribo hoy, también Jehová tu Dios te exaltará sobre todas las naciones de la tierra. **2** Y vendrán sobre ti todas estas bendiciones, y te alcanzarán, si oyeres la voz de Jehová tu Dios. **3** Bendito serás tú en la ciudad, y bendito tú en el campo. **4** Bendito el fruto de tu vientre, el fruto de tu tierra, el fruto de tus bestias, la cría de tus vacas y los rebaños de tus ovejas. **5** Benditas serán tu canasta y tu artesa de amasar. **6** Bendito serás en tu entrar, y bendito en tu salir. **7** Jehová derrotará a tus enemigos que se levantaren contra ti; por un camino saldrán contra ti, y por siete caminos huirán de delante de ti. **8** Jehová te enviará su bendición sobre tus graneros, y sobre todo aquello en que pusieres tu mano; y te bendecirá en la tierra que Jehová tu Dios te da. **9** Te confirmará Jehová por pueblo santo suyo, como te lo ha jurado, cuando guardares los mandamientos de Jehová tu Dios, y anduvieres en sus caminos. **10** Y verán todos los pueblos de la tierra que el nombre de Jehová es invocado sobre ti, y te temerán. **11** Y te hará Jehová sobreabundar en bienes, en el fruto de tu vientre, en el fruto de tu bestia, y en el fruto de tu tierra, en el país que Jehová juró a tus padres que te había de dar. **12** Te abrirá Jehová su buen tesoro, el cielo, para enviar la lluvia a tu tierra en su tiempo,

taña de deudas que no podemos pagar.

Por eso Dios quiere que aprendamos a usar lo que nos da, para que nunca necesitemos pedir prestado.

¿Por qué Dios no quiere que pidamos prestado? *Proverbios 22:7*

Porque las deudas financieras nos esclavizan a las personas que nos han prestado dinero y nos impiden cumplir con el pago de la deuda más importante que tenemos.

¿Cuál es esta deuda?

Es la deuda de amor que hemos adquirido al haber sido comprados por el hijo de Dios *(Romanos. 13:7)*.

¿Cómo podemos pagar esa deuda?

Compartiendo el evangelio, que hemos recibido sin merecerlo.

Dios quiere darnos la libertad de no pedir prestado y también nos aconseja no prestar dinero, porque eso también nos quitará la tranquilidad *(Proverbios 6:1-5, Proverbios 11:15)*.

y para bendecir toda obra de tus manos. Y prestarás a muchas naciones, y tú no pedirás prestado.

Proverbios 11:15
15 Con ansiedad será afligido el que sale por fiador de un extraño; Mas el que aborreciere las fianzas vivirá seguro.

Proverbios 6:1-5
1 Hijo mío, si salieres fiador por tu amigo, Si has empeñado tu palabra a un extraño,
2 Te has enlazado con las palabras de tu boca, Y has quedado preso en los dichos de tus labios.
3 Haz esto ahora, hijo mío, y líbrate, Ya que has caído en la mano de tu prójimo; Ve, humíllate, y asegúrate de tu amigo.
4 No des sueño a tus ojos, Ni a tus párpados adormecimiento;
5 Escápate como gacela de la mano del cazador, Y como ave de la mano del que arma lazos.

Proverbios 22:9
9 El ojo misericordioso será bendito, Porque dio de su pan al indigente.

Proverbios 28:8
8 El que aumenta sus riquezas con usura y crecido interés, Para aquel que se compadece de los pobres las aumenta.

Romanos 13:7-8 (NVI)
7 Paguen a cada uno lo que le corresponda: si deben impuestos, paguen los impuestos; si deben contribuciones, paguen las contribuciones; al que deban respeto, muéstrenle respeto; al que deban honor, ríndanle honor.
8 No tengan deudas pendientes con nadie, a no ser la de amarse unos a otros. De hecho, quien ama al prójimo ha cumplido la ley.

5 { Di No a las deudas }

Aprendizaje activo

● Niños PEQUEÑOS:

1. Colorear el dibujo.

Material:
- Crayones
- Copias de la actividad

● Niños GRANDES:

1. Resolver el laberinto y el cuestionario.
2. Actividad práctica. Reciba a los niños con el salón un poco desordenado, y pida a cada niño que va llegando que le ayude a limpiar o guardar cosas, y de acuerdo como vea que es su ayuda entréguele:
- 3 billetes si su ayuda fue muy buena
- 2 si solo fue buena
- 1 si no fue buena

Explíqueles que es como si llegaran al trabajo y se les pagará por ello. Durante la clase, también puede entregar:
1 billete por buena conducta, 2 por memorizar el versículo, etc. La cantidad de billetes puede cambiar a criterio del maestro. Al final de la clase los niños podrán hacer compras en una pequeña tienda en donde habrá juguetes, dulces, galletas, chicles, etc. Cada artículo tendrá un precio. Aproveche para recordarles que del total de lo que ganaron deben separar su diezmo.

Material:
- Copia de las actividades
- Dulces para la actividad práctica
- Lapicero o lápiz
- Crayones, marcadores o lápices de colores

Notas

Notas

Notas

....

....

....

....

....

....

....

....

....

....

....

....

....

....

....

....

....

....

Notas

SEMBRADOS
EN BUENA TIERRA

Niños pequeños

Instrucciones:
Colorea el dibujo

5 { Di NO
a las **deudas** }

«No tengan deudas pendientes con nadie,
a no ser la de amarse unos a otros». **Romanos 13:8 NVI**

Niños GRANDES

Instrucciones:
Encuentra el camino correcto

$5\left\{\begin{array}{l}\text{Di NO} \\ \text{a las \textbf{deudas}}\end{array}\right\}$

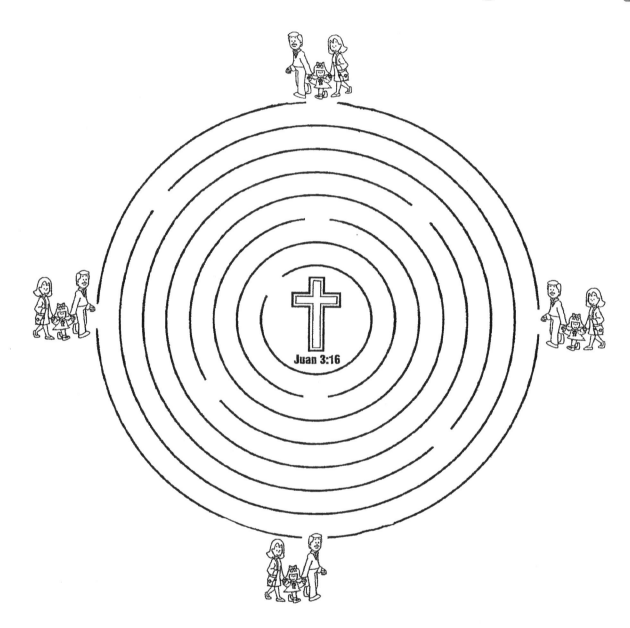

Juan 3:16

«No tengan deudas pendientes con nadie, a no ser la de amarse unos a otros».
Romanos 13:8 NVI

Niños GRANDES

Hoja de actividades

5 { Di NO a las **deudas** }

1 Versículo para memorizar:

«No tengan deudas pendientes con nadie, a no ser la de amarse unos a otros».
Romanos 13:8 NVI

2 Falso o verdadero:

a) A Dios le gusta que pidamos prestado.

☐ **Falso**   ☐ **Verdadero**

b) Dios puede prosperar nuestras finanzas diciendo NO a las deudas.

☐ **Falso**   ☐ **Verdadero**

c) Las deudas financieras nos esclavizan a las personas que nos han prestado.

☐ **Falso**   ☐ **Verdadero**

d) Dios quiere darnos libertad al no pedir prestado y también nos aconseja no prestar dinero.

☐ **Falso**   ☐ **Verdadero**

e) La deuda que tenemos con Cristo la podemos pagar predicando el evangelio a otros.

☐ **Falso**   ☐ **Verdadero**

Notas

....

....

....

....

....

....

....

....

....

....

....

....

....

....

....

....

....

....

....

6 { La mano diligente }

Objetivos:

Ayudar al niño a:
- Entender el significado de las palabras «pereza», «negligente» y «diligente».
- Identificar los hoyos que nos hacen perder las bendiciones de Dios.

Textos:

Proverbios 6:6-11; 10:4-5; 21:25 y 2 Tesalonicenses 3:6-15

Versículo a memorizar:

«*La mano negligente empobrece; mas la mano de los diligentes enriquece*». **Proverbios 10:4**

Desarrollo del tema:

Recordemos que nos estamos preparando para ser unos buenos administradores de lo que Dios nos ha dado. No olvidemos que Dios es el verdadero dueño de todo lo que tenemos y nosotros solo somos las personas responsables de cuidar y dar buen uso de la provisión que Dios nos da.

Hasta ahora hemos aprendido que debemos honrar a Dios con nuestros bienes, dar el diezmo y la ofrenda y honrar a nuestros padres. Si obedecemos esto pasos, Dios nos proveerá de todo lo que necesitamos trayendo a nuestro corazón contentamiento, y si además de eso nos negamos a tener deudas, nuestras finanzas serán prosperadas para llevar a cabo el propósito de Dios en nuestras vidas. Hoy hablaremos de tres *hoyos* que debemos tapar, para que no se fugue la provisión de Dios:

Hoyo No.1. LA CODICIA

Es el deseo de querer tener más y más cosas que no puedo tener, pero quiero tener (*1 Juan 2:15-17*).

Hoyo No.2. LAS DEUDAS

Las deudas financieras nos esclavizan a las personas que nos han prestado dinero, quitándonos la libertad para cumplir con el pago de la deuda más importante que tenemos, que es la deuda de amor que hemos adquirido al haber sido comprados por el hijo de Dios (*Romanos 13:7-8*).

Hoyo No.3. LA PEREZA

(*Proverbios 10:4-5*)

¿Qué es la pereza?

La pereza es un espíritu de desorden. La persona perezosa o negligente es aquella a la que le faltan ganas para trabajar. No pone cuidado en lo que hace, lo hace mediocremente y un día tendrá pobreza y necesidad.

Proverbios 6:6-11
6 Ve a la hormiga, oh perezoso, Mira sus caminos, y sé sabio;
7 La cual no teniendo capitán, Ni gobernador, ni señor,
8 Prepara en el verano su comida, y recoge en el tiempo de la siega su mantenimiento.
9 Perezoso, ¿hasta cuándo has de dormir? ¿Cuándo te levantarás de tu sueño?
10 Un poco de sueño, un poco de dormitar, Y cruzar por un poco las manos para reposo;
11 Así vendrá tu necesidad como caminante, Y tu pobreza como hombre armado.

Proverbios 10:4-5
4 La mano negligente empobrece; Mas la mano de los diligentes enriquece.
5 El que recoge en el verano es hombre entendido; El que duerme en el tiempo de la siega es hijo que avergüenza.

Proverbios 21:25
25 El deseo del perezoso le mata, Porque sus manos no quieren trabajar.

2 Tesalonicenses 3:6-15
6 Pero os ordenamos, hermanos, en el nombre de nuestro Señor Jesucristo, que os apartéis de todo hermano que ande desordenadamente, y no según la enseñanza que recibisteis de nosotros.
7 Porque vosotros mismos sabéis de qué manera debéis imitarnos; pues nosotros no anduvimos desordenadamente entre vosotros,
8 ni comimos de balde el pan de nadie, sino que trabajamos con afán y fatiga día y noche, para no ser gravosos a ninguno de vosotros;
9 no porque no tuviésemos derecho, sino por daros nosotros mismos un ejemplo para que nos imitaseis.

Dios es un Dios de orden, así que la conducta de un verdadero hijo de Dios es, ser diligente.

¿Qué significa ser diligente?

Trabajar de manera ordenada y disciplinada, con mucho interés y esmero hasta cumplir con la tarea con excelencia, evitando dejar las cosas incompletas o para más tarde. Al ser diligentes tendremos libertad del temor sobre la escasez y la necesidad.

El rey Salomón compara a la persona sabia con la hormiga y nos la presenta como un ejemplo de disciplina no supervisada ni obligada. Esta pequeña criatura almacena y reúne provisiones para poder alimentarse en días futuros cuando escasee el alimento (*Proverbios 6:6-11).*

El Señor Jesucristo da un mandamiento a los flojos, y nos habla de cómo podemos ayudarles para que cambien de ser personas negligentes a personas diligentes (*2 Tesalonicenses 3:6-15):*

- *Denunciarlo públicamente*
- *No juntarse con él para avergonzarlo*
- *Reprenderlo para su bien*

10 Porque también cuando estábamos con vosotros, os ordenábamos esto: Si alguno no quiere trabajar, tampoco coma.
11 Porque oímos que algunos de entre vosotros andan desordenadamente, no trabajando en nada, sino entremetiéndose en lo ajeno.
12 A los tales mandamos y exhortamos por nuestro Señor Jesucristo, que trabajando sosegadamente, coman su propio pan.
13 Y vosotros, hermanos, no os canséis de hacer bien.
14 Si alguno no obedece a lo que decimos por medio de esta carta, a ése señaladlo, y no os juntéis con él, para que se avergüence.
15 Mas no lo tengáis por enemigo, sino amonestadle como a hermano.

1 Juan 2:15-17
15 No améis al mundo, ni las cosas que están en el mundo. Si alguno ama al mundo, el amor del Padre no está en él.
16 Porque todo lo que hay en el mundo, los deseos de la carne, los deseos de los ojos, y la vanagloria de la vida, no proviene del Padre, sino del mundo.
17 Y el mundo pasa, y sus deseos; pero el que hace la voluntad de Dios permanece para siempre.

Romanos 13:7-8
7 Pagad a todos lo que debéis: al que tributo, tributo; al que impuesto, impuesto; al que respeto, respeto; al que honra, honra.
8 No debáis a nadie nada, sino el amaros unos a otros; porque el que ama al prójimo, ha cumplido la ley.

6 { La mano diligente }

Aprendizaje activo

● Niños PEQUEÑOS:

1. Colorear el dibujo y recortarlo por las líneas punteadas, para después armar el rompecabezas.

Material:
- Crayones
- Copias de la actividad
- Tijeras

● Niños GRANDES:

1. Actividad práctica. Puede mostrarles a los niños de manera visual cómo son los hoyos por donde se escapa la provisión de Dios, usando una bolsa de papel con tres hoyos, a un lado de cada hoyo escriba la palabra: «codicia», «deudas» y «pereza». Déle la bolsa a un niño y pídale que intente llenar la bolsa con algunos objetos, como juguetes, dulces, dinero, lápices, etc. Explíqueles que esa bolsa no se llenará nunca hasta que no sean cerrados esos hoyos.
2. Resolver el laberinto.
3. Resolver el cuestionario.

Material:
- Copia de las actividades
- Algunos objetos para la actividad práctica
- Lapicero o lápiz
- Crayones, marcadores o lápices de colores

6 { **La mano diligente** }

«La mano negligente empobrece; mas la mano de los diligentes enriquece».
Proverbios 10:4

Niños GRANDES

Instrucciones:
Encuentra el camino correcto

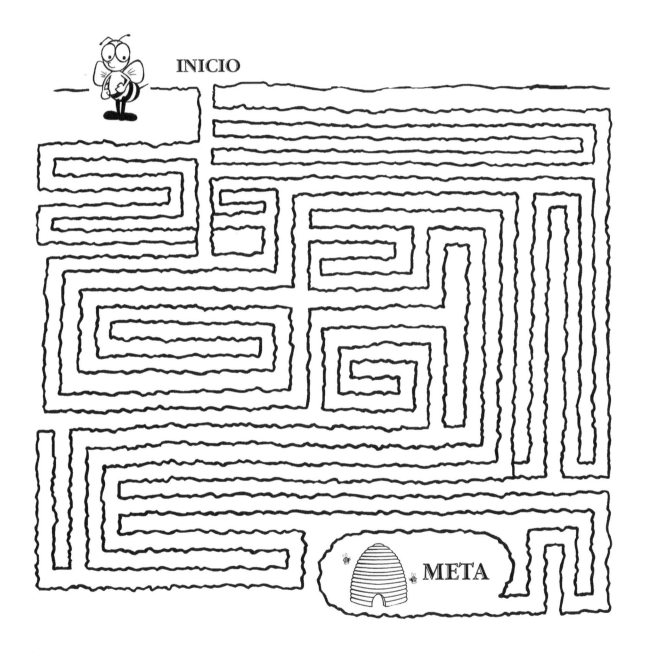

INICIO

META

«La mano negligente empobrece; mas la mano de los diligentes enriquece».
Proverbios 10:4

Niños GRANDES

Hoja de actividades

1 Versículo para memorizar:

«La mano negligente empobrece; mas la mano de los diligentes enriquece».
Proverbios 10:4

2 Contesta las siguientes preguntas:

1. ¿Cuáles son los tres hoyos por donde se salen las bendiciones de Dios?

La C _____ Las D _____ La P _____

2. ¿Qué es una persona perezosa?

a) La persona negligente

b) La que no quiere trabajar

c) La que trabaja con desorden

3. ¿Qué es una persona diligente?

a) La que trabaja de manera ordenada

b) La que trabaja con disciplina

c) La que cumple con su tarea

3 Completa los espacios en blanco:

«Ve a la _____ , oh perezoso, mira sus_____

y se _____ ». **Proverbios 6:6**

7 {El principio de la mayordomía}

Objetivos:
Ayudar al niño a:
• Recordar quién es el dueño de todo lo que tenemos.
• Entender qué significa mayordomía.
• Conocer las 3 herramientas que Dios nos ha dado para ser buenos mayordomos.

Textos:
Mateo 25:14-30

Versículo a memorizar:
«Porque al que tiene, le será dado, y tendrá más; y al que no tiene, aun lo que tiene le será quitado». Mateo 25:29

Desarrollo del tema:

Recordemos que durante 6 semanas hemos aprendido que Dios es el dueño de todo lo que tenemos (*Santiago 1:17*) y nosotros solo somos las personas responsables de cuidar y dar buen uso de la provisión que Dios nos da; es decir que somos los administradores o mayordomos de los bienes de Dios.

¿Qué es un mayordomo?
Es el sirviente principal de un amo (dueño) o señor a quien tiene que rendir cuentas de todo sobre lo cual se lo ha hecho responsable.

¿Qué hemos recibido de parte de Dios?
Todo: vida, salud, familia, inteligencia, habilidades, tiempo, etc. Además los discípulos de Jesús, hemos recibido algo muy importante de parte de Dios: el perdón de pecados y la salvación. El Señor nos ha dado tres herramientas que son muy importantes para la buena administración de sus bienes:

1. RECURSOS. Los recursos son las destrezas, habilidades, talentos, posesiones, inteligencia, etc. Con los que Dios nos equipa para cumplir con la tarea que nos ha dejado.

2. CAPACIDAD. Dios nos da la capacidad para desarrollar los recursos y obtener beneficio de ellos. La capacidad que Dios da a cada quien es en diferentes cantidades, de acuerdo con el propósito que tiene para cada uno de nosotros.

3. TIEMPO. Dios nos da el tiempo suficiente para desarrollar su propósito en nuestras vidas, usando los recursos y la capacidad con la que nos ha provisto.

Recordemos que los recursos que Dios nos ha dado deben ser el medio para cumplir con su voluntad y su propósito para nuestras vidas. ¿Estamos cuidando e invirtiendo bien los recursos, la capacidad y el tiempo que Dios nos ha dado? ¿Estamos usándolos para reflejar su imagen, para establecer su reino y para hacer su voluntad?

Mateo 25:14-30
14 Porque el reino de los cielos es como un hombre que yéndose lejos, llamó a sus siervos y les entregó sus bienes.
15 A uno dio cinco talentos, y a otro dos, y a otro uno, a cada uno conforme a su capacidad; y luego se fue lejos.
16 Y el que había recibido cinco talentos fue y negoció con ellos, y ganó otros cinco talentos.
17 Asimismo el que había recibido dos, ganó también otros dos.
18 Pero el que había recibido uno fue y cavó en la tierra, y escondió el dinero de su señor.
19 Después de mucho tiempo vino el señor de aquellos siervos, y arregló cuentas con ellos.
20 Y llegando el que había recibido cinco talentos, trajo otros cinco talentos, diciendo: Señor, cinco talentos me entregaste; aquí tienes, he ganado otros cinco talentos sobre ellos.
21 Y su señor le dijo: Bien, buen siervo y fiel; sobre poco has sido fiel, sobre mucho te pondré; entra en el gozo de tu señor.
22 Llegando también el que había recibido dos talentos, dijo: Señor, dos talentos me entregaste; aquí tienes, he ganado otros dos talentos sobre ellos.
23 Su señor le dijo: Bien, buen siervo y fiel; sobre poco has sido fiel, sobre mucho te pondré; entra en el gozo de tu señor.
24 Pero llegando también el que había recibido un talento, dijo: Señor, te conocía que eres hombre duro, que siegas donde no sembraste y recoges donde no esparciste;
25 por lo cual tuve miedo, y fui y escondí tu talento en la tierra; aquí tienes lo que es tuyo.
26 Respondiendo su señor, le dijo: Siervo malo y negligente, sabías que siego donde no sembré, y que recojo donde no esparcí.

7 { El principio de la mayordomía }

Aprendizaje activo

27 Por tanto, debías haber dado mi dinero a los banqueros, y al venir yo, hubiera recibido lo que es mío con los intereses.
28 Quitadle, pues, el talento, y dadlo al que tiene diez talentos.
29 Porque al que tiene, le será dado, y tendrá más; y al que no tiene, aun lo que tiene le será quitado.
30 Y al siervo inútil echadle en las tinieblas de afuera; allí será el lloro y el crujir de dientes.

● Niños PEQUEÑOS:

1. Colorear el dibujo. Indique a los niños que marquen el cuadrito de los recursos que Dios nos da para cumplir con su voluntad y su propósito para nuestras vidas.

Material:
• Crayones
• Copias de la actividad

● Niños GRANDES:

1. Cadenas de dones y talentos. Corte tiras de papel de 2x8 pulgadas de diversos colores. Prepare suficientes tiras para que cada niño. Entregue a cada alumno una y dígales que escriban en ella algo que Dios les haya dado (vida, salud, familia, inteligencia, habilidades, tiempo, salvación, perdón, etc.), pegue cada tira para formar un aro, entregue otra tira a cada niño para que escriban otra cosa que Dios les haya dado pegue nuevamente para formar un aro enlazado con el aro anterior para ir formando una cadena. Los niños podrán reconocer que todo lo que tienen se los ha dado Dios.
2. Resolver la actividad y el cuestionario.

Material:
• Copia de las actividades
• Lapicero o lápiz

Niños pequeños

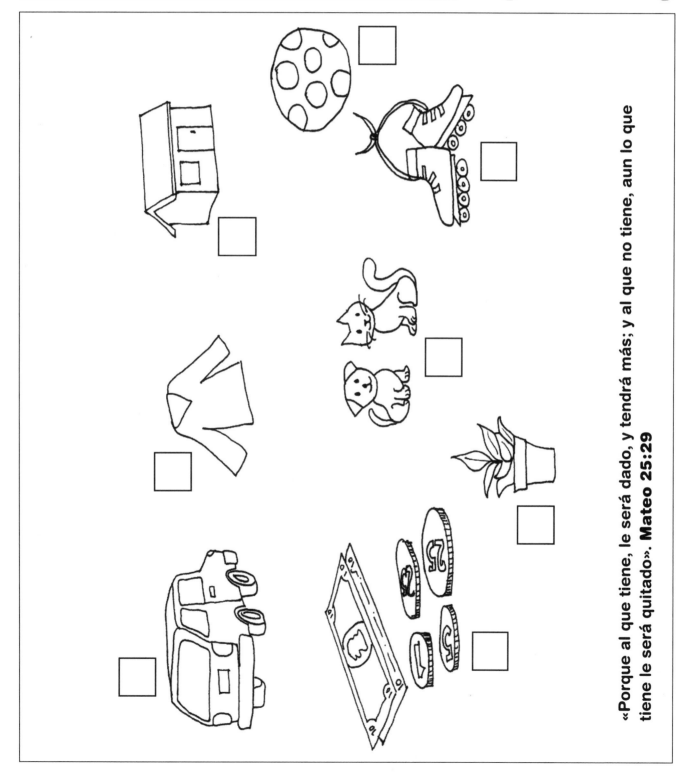

«Porque al que tiene, le será dado, y tendrá más; y al que no tiene, aun lo que tiene le será quitado». **Mateo 25:29**

Niños GRANDES

Instrucciones: Tacha las letras K, X, Z. Luego escribe las letras restantes en las líneas de abajo

7 { El principio de **la mayordomía** }

p	k	o	x	r	z	q	k	u	x	e	z	a	k	l
x	q	z	u	k	e	x	t	z	i	k	e	x	n	z
e	k	,	x	l	z	e	k	s	x	e	z	r	k	a
x	d	z	a	k	d	x	o	z	,	k	y	x	t	z
e	k	n	x	d	z	r	k	a	x	m	z	a	k	s
x	;	z	y	k	a	x	l	z	q	k	u	x	e	z
n	k	o	x	t	z	i	k	e	x	n	z	e	k	,
x	a	z	u	k	n	x	l	z	o	k	q	x	u	z
e	k	t	x	i	z	e	k	n	x	e	z	l	k	e
x	s	z	e	k	r	x	a	z	q	k	u	x	i	z
t	k	a	x	d	z	o	k	M	x	a	z	t	k	e
x	o	z	2	k	5	x	:	z	2	k	9	x	.	z

_____

_____

_____

_____

Niños GRANDES

Hoja de actividades

7 {El principio de **la mayordomía**}

1 **Versículo para memorizar:**

"Porque al que tiene, le será dado, y tendrá más; y al que no tiene, aun lo que tiene le será quitado" **Mateo 25:29**

2 **Contesta las siguientes preguntas:**

1. Un mayordomo es la persona responsable de cuidar los bienes de su señor

___ FALSO   ___ VERDADERO

2. ¿Cuáles son las tres herramientas que el Señor nos ha dado para la buena administración de sus bienes?

a) R _____

b) C _____

c) T _____

3 **Completa los espacios en blanco:**

«Toda buena _____ y todo ___ perfecto desciende de lo alto, del _____ de las luces, en el cual no hay_____, ni sombra de_____ ». **Santiago 1:17**

Nos agradaría recibir noticias suyas.
Por favor, envíe sus comentarios sobre este libro
a la dirección que aparece a continuación.
Muchas gracias.

Editorial Vida
8410 N.W. 53rd Terrace, Suite 103
Miami, Florida 33166

Vida@zondervan.com
www.editorialvida.com